BEI GRIN MACHT SICH IHR WISSEN BEZAHLT

- Wir veröffentlichen Ihre Hausarbeit,
  Bachelor- und Masterarbeit

- Ihr eigenes eBook und Buch -
  weltweit in allen wichtigen Shops

- Verdienen Sie an jedem Verkauf

Jetzt bei www.GRIN.com hochladen
und kostenlos publizieren

Bibliografische Information der Deutschen Nationalbibliothek:

Die Deutsche Bibliothek verzeichnet diese Publikation in der Deutschen National-
bibliografie; detaillierte bibliografische Daten sind im Internet über http://dnb.d-
nb.de/ abrufbar.

Impressum:

Copyright © 2010 GRIN Verlag, Open Publishing GmbH
Druck und Bindung: Books on Demand GmbH, Norderstedt Germany
ISBN: 9783668398481

Dieses Buch bei GRIN:

http://www.grin.com/de/e-book/353729/der-israel-palaestina-konflikt-und-die-rolle-
der-eu

Bajram Cikaqi

Der Israel-Palästina-Konflikt und die Rolle der EU

GRIN Verlag

CAMPUS DUISBURG
INSTITUT FÜR POLITIKWISSENSCHAFT

Der Israel-Palästina Konflikt und die Rolle der EU

Bachelorarbeit

Zur Erlangung des Grades
Bachelor of Arts

Eingereicht von: Bajram Cikaqi

Abkürzungsverzeichnis

BAMR	EU Border Assistance Mission Rafah
EG	Europäische Gemeinschaft
EK	Europäische Kommission
EGKS	Europäische Gemeinschaft für Kohle und Stahl
EPZ	Europäische Politische Zusammenarbeit
ESVP	Europäische Sicherheits- und Verteidigungspolitik
EU	Europäische Union
EWG	Europäische Wirtschaftsgemeinschaft
GASP	Gemeinsame Außen- und Sicherheitspolitik
JA	Jewish Agency
PEGASE	Pan European Grid Advaced Simulation and Staate Estination
PLO	Palestine Liberation Organisation
LK	Likuid Partei
TIM	Temporary International Mechanism
UN	United Nation
UNRWA	United Nations Relief and Works Agency
UNSCOP	United Nations Special Commitee On Palestina

Inhaltsverzeichnis

1 Einleitung 4

2 Die frühere Geschichte 5

2.1 Palästina im Osmanischen Reich 6

2.2 Der erste Weltkrieg und das britische Mandat 7

3 Die Ursprünge des Konflikts zwischen Arabern und Juden um Palästina 8

3.1 Der europäische Antisemitismus und die jüdische Einwanderung – Zionismus 8

3.2 Die demographische Entwicklung 9

3.3 Die Gründung des Staates Israel 10

3.4 Der Sechstage Krieg und seine Folgen 11

3.5 Der Beginn israelischer Siedlungspolitik 13

3.6 Wasser 14

4 Die Rolle der EU im Friedensprozess 15

4.1 „Mediation" Begriffserklärung 15

4.2 Bedingungen für den Erfolg von Mediation 16

4.3 Erste europäische Positionsbestimmung 18

4.4 Der Osloer Friedensprozess 19

4.5 Die EU-Unterstützung für den Nahost-Friedensprozess nach Oslo 20

4.6 Deklaratorische Politik- wichtige EU-Deklarationen zur Situation im Nahen Osten ... 22

4.7 Die EU als Teil des Nahost-Quartetts 25

5 Fazit 26

Literaturverzeichnis 31

1 Einleitung

Der Nahe Osten ist durch die Auseinandersetzung zwischen Israelis und Palästinenser eine der unruhigsten und geopolitisch sensibelsten Region der Welt. Es ist eine Region die einfach nicht zu Ruhe kommt, weil Hass und Zwietracht von Generation zu Generation weitergegeben werden, weil es immer nur um Rache und Vergeltung geht! Keine Generation von Israelis oder Palästinensern erlebte im 20. Jahrhundert eine Zeit ohne militärische Auseinandersetzung. Europa trägt eine historische Verantwortung für den Nahostkonflikt. Der Kolonialismus, die Weltkriege und ihren Folgen für die regionale Mächtekonstellation, der Holocaust, sowie die Staatsgründung Israels haben den Naheosten nachhaltig geprägt. Europa hat gar keine andere Wahl, als sich an den Aufräumarbeiten dieses Scherbenhaufens zu beteiligen.

Der Friedensprozess zur Lösung des Konflikts im Nahen Osten nimmt seit langem eine bedeutenden Platz auf der politischen Agenda der EU ein.

Wichtiges Schlüsselereignis dieses Konflikts war der Teilungsbeschluss der Vereinten Nationen für das damalige Mandatsgebiet Palästina am 29. November 1947, dem am 14. Mai 1948 die Gründung des Staates Israel folgte.

Während bis 1948 der Nahe Osten im Wesentlichen in der europäischen Einflusssphäre lag, änderte sich dies mit der zunehmenden weltweiten Dominanz der USA. Europa wurde mehr und mehr aus seiner Einflusssphäre heraus gedrängt. Mit der Gründung der europäischen Wirtschaftsgemeinschaft im Jahr 1958 begann eine neue Phase der europäischen Politik im Nahen Osten. Der wirkliche Wendepunkt in der europäischen Nahostpolitik gipfelte in der Erklärung von Venedig im Jahre 1980. Hier wurde zum ersten Mal das Selbstbestimmungsrecht der Palästinenser gefordert.

Nach dem historischen Durchbruch der Verhandlungen von Oslo im September 1993 konzentrierte die Europäische Union ihre Bemühungen in erster Linie auf die Herstellung von Rahmbedingungen für einen dauerhaften Frieden in der Region.

Ziel dieser Arbeit ist die Rolle und das Engagement der EU im Nahost Konflikt darzustellen. Gegenstand der Arbeit sind die Fragen: Welche sind die Ursachen des Konflikts? und welche Rolle spielte die EU im Nahost Konflikt?

Dieser Arbeit gliedert sich in zwei Teile. Im ersten Teil stelle ich die Ursachen des Konflikts und den Einfluss der europäischen Länder von der früheren Geschichte bis zum Zionismus dar. Den Aspekt des Sechs-Tage-Kriegs habe ich ausgesucht, weil er eine Wende in der israelischen Geschichte darstellt. Durch ihn sind bis heute ungelöste Probleme entstanden und

Israel wurde zur Besatzungsmacht in Palästina. Außerdem führte er auch dazu, dass sich in den folgenden Jahren die Grundhaltung der umliegenden arabischen Staaten änderte. Eng mit dem Problem der Besiedlung hängt das Problem der Wasserversorgung zusammen. Israel bezieht sein Wasser zum größten Teil aus Vorkommen, die außerhalb seines Territoriums liegen. Die Aufgabe der besetzten Gebiete würde somit die Wasserversorgung des Landes gefährden. Die Wasserpolitik Israels schränkt die landwirtschaftlichen Nutzungsmöglichkeiten der Palästinenser erheblich ein.

Im Zweiten Teil - der Hauptteil dieser Arbeit ist - werde ich das Engagement und die Rolle der EU als Mediator im Friedensprozess anhand zwei ausgewählter Beispiele untersuchen. Im ersten Punkt werden die Bedingungen für den Erfolg von Mediation nach Bercovitch dargestellt. Weiterhin wird in Punkt drei die erste europäischer Positionsbestimmung gegeben. Im Punkt vier wird das Vertragswerk von Oslo herangezogen, danach folgt die finanzielle EU Unterstützung für den Nahost-Friedensprozess nach Oslo. Im sechsten Punkt werden die wichtigen EU-Deklarationen zur Situation im Nah-Osten vorgestellt und zuletzt wird die EU als Teil des Nahost - Quartetts veranschaulicht. Im letzten Punkt wird anhand dieser Ausarbeitung ein Versuch der Beantwortung der Ausgangsfragen gemacht.

2   Die frühere Geschichte

„Der Nahe und Mittlere Osten gilt als „Wiege der Menschheit", weil sich dort die frühesten uns bekanten Kulturen entwickelten".[1]

Israel/Palästina ist die Region der Welt, die für die Gläubigen der drei großen Religionen – Judentum, Christentum und Islam – das heilige Land ist. Es ist die sensibelste Region der Erde, die einfach nicht zu Ruhe kommt. Über die Geschichte Israels in vorstaatlicher Zeit gibt es keine gesicherten Erkenntnisse. Die früheste Erwähnung „Israels" findet man in einer Inschrift des Pharaos Merenptah (1224-1204 v. Chr.). Zwischen 1200 und 1000 v. Chr. entstanden in Palästina die Königreiche Israel und Judäa unter den Königen David und Salomon. Ein ständiger Feind der Juden waren die Philister; von dem Namen des Seefahrervolkes leitet sich das Wort Palästina ab.[2]

Im Jahr 727-722 v. Chr. wurde Israel von Assyrien erobert. 150 Jahre später wurde auch das Königreich Judäa mit Eroberung von Jerusalem und der Zerstörung des Tempels durch den babylonischen Großkönig Nebu-kadnezar im Jahre 586 v. Chr. ausgelöscht. Ende des 6. Jahrhundert v. Chr. wurde das Gebiet von Persern erobert. Die Herrschaft der persischen

---

[1] Vgl. Dietmar Herz/ Julia Steets, 2001: „Palästina" München S. 21
[2] Vgl. Martin Schäuble/Noah Flug 2007: „Die Geschichte der Israelis und Palästinenser" München S. 14

Archämeniden-Dynastie endete mit der Niederlage des letzten Großkönigs gegen Alexander den Großen (356-323 v. Chr.). Der Hellenismus wurde durch die Herrschaft der Ptolemäer im dritten und der Seleukiden im zweiten Jahrhundert v. Chr. Erobert. Im ersten Jahrhundert v. Chr. etablierten die Römer ihre Herrschaft über das Gebiet. Nach einem jüdischen Aufstand unter Bar Kochba (132-135 n. Chr.) hatte Kaiser Hadrian Jerusalem in „Aelia Capitola" und „Judäa" in „Palästina" umbenannt. Seit dem wird der Begriff „Palästina" für die gesamte Region gebraucht. Nach dem Bar Kochba Aufstand flüchteten die meisten Juden von Palästina oder wurden vertrieben. Über Jahrhunderte gab es nur eine jüdische Minderheit, die sich hauptsächlich in einigen Städten konzentrierte, vor allem in Jerusalem, Zfat (Safed), Hebron und Tiberias.[3]

Zu Beginn der römischen Herrschaft war das Christentum eine Minderheit in Palästina. Mit der neuen Religionspolitik des Kaisers Konstantin (311-337 n. Chr.) wurde es Schritt für Schritt zur Staatsreligion.

Im Jahr 638 brachte der große Eroberer Kalif Omar Jerusalem und Palästina unter arabische Herrschaft und die christlichen und jüdische Bevölkerung wurden von arabischen Kriegern beherrscht. Arabisch trat als Verkehrssprache neben Griechisch und anderen Sprachen und begann diese zu ersetzen. Die Frage der legitimen Nachfolge des Kalifen spaltete bereits kurz nach dem Tod des Propheten Mohamed. Eine Spaltung die sich bis heute fortsetzt. Auf der eine Seite stehen die Sunniten die Mehrheit der Muslime und auf der anderen Seite die Schiiten.

Die innere Zersplitterung schwächte das Reich des Kalifen und machte es anfällig für äußere Bedrohungen. Sie tauchte zunächst in Form der europäischen Kreuzfahrer auf, die 1099 Jerusalem erreichten und dort ein Blutbad unter muslimischen wie jüdischen Einwohner anrichteten. Die Zersplitterung dauerte, ununterbrochen bis zur Eroberung durch das Osmanische Reich.

2.1 Palästina im Osmanischen Reich

Bis zum Ersten Weltkrieg gehörte Palästina als Teil Großsyriens zum Osmani-schen Reich und wurde in verschiedene Vilayet (Provinzen) und diese wiederum in Sandschak (Verwaltungsbezirke) aufgeteilt. Der südliche Teil des Landes gehörte zum Jerusalem der nördliche war Beirut gehörig.[4]

Die Osmanischen Herrscher vereinten weltliche und religiöse Autorität in ihrem Amt. Sie regierten in einer toleranten Art und Weise. Im letzten Jahrhundert der osmanischen

---

[3] Vgl. Christian Hauswald 2009: „Der Status von Palästina" Baden-Baden S. 34
[4] Vgl. Christian Hauswald 2009: „Der Status von Palästina" Baden-Baden S. 29

Herrschaft über den Nah-Osten kam es zu einer fundamentalen Veränderung der Gesellschaftsstruktur, der Wirtschaft und der Gebräuche der Bevölkerung. Der Einfluss der Europäer war die Ursache dieses Wandlungsprozesses. Im Jahr 1798 landete Napoleon in Ägypten und versuchte, eine direkte Kontrolle über den Nahen Osten auszuüben. Der Einfluss der Europäer war auch für die Transformation des Staats- und Gesellschaftssystems von zentraler Bedeutung. Die europäischen Großmächte schickten in Jerusalem die Konsuln, die von ihnen in Schutz genommenen christlichen Teile der Bevölkerung vertraten. Sie richteten religiöse Schulen und die Sozialeinrichtungen eröffneten den Europäern die Möglichkeit, direkt auf die Bevölkerung des Nahen Ostens einzuwirken.[5]

2.2   Der erste Weltkrieg und das britische Mandat

Im Ersten Weltkrieg kämpfte das Osmanische Reich an der Seite Deutschlands und Östereich-Ungarns. Immer mehr lokale Herrscher richteten sich immer weniger nach den Vorgaben der Regierung.

Die Briten hatten von den Streitereien im Osmanischen Reich lange gewusst und sie verhandelten in geheimen Gesprächen mit dem einflussreichen Mann Hussein ibn Ali, der über Mekka, die heiligste Stätte der Muslime herrschte. Sie versprachen Hussein beim Aufbau eines eigenen arabischen Reiches behilflich zu sein. Im Gegenzug müsse er allerdings eine Revolte gegen die osmanische Regierung anführen. Hussein nahm das Angebot an und leitete im Jahr 1916 1 den Aufstand gegen den Osmanen. Was der Anführer der Revolte nicht wusste: Die Briten hatten bereits heimlich mit den Franzosen verhandelt und im sogenannten Sykes-Picot-Abkommen, das osmanische Reich im Nahen-Osten untereinander aufgeteilt.[6]

Nach dem Ende des Weltkriegs stellte sich heraus, dass die europäischen Mächte ihre Eigeninteresse über ihre Versprechen stellten: Auf der Konferenz von San Remo im Jahr 1920 kam Syrien unter französische und Palästina unter britische Verwaltung. Hussein ibn Ali erklärte sich selbst zum König von Arabien doch die westlichen Staaten sprachen ihm nur Hedschas, ein Gebiet im heutigen Saudi-Arabien, zu.

Die Konturen der Demographie gegen Ende des Osmanischen Reiches im Jahr 1914 im Palästina sollen nach Berechnung von Justin McCarthy dem Demographen des Osmanischen Reiches höchstens 60000 Juden von einer Gesamtbevölkerung von 798000 gegeben. [7]

Die jüdische Bevölkerung bestand einerseits aus dem ursprünglichen, immer im Lande lebenden Jischuw und vor der ersten größeren Einwanderung die etwa 24000 Mitglieder

---

[5] Vgl. Erik Petry, 2004: „Ländliche Kolonisation in Palästina" Köln S. 23-24
[6] Vgl. Reuven Moskovitz, 2005: „Der lange Weg zum Frieden" Berlin S. 125-126
[7] Vgl. Bernd Wasserstein, 2003: „Israel und Palästina", München, S. 15

zählte. Dazu kamen jüdisch-zionistische Einwanderer, die mit einer der ersten drei Alijahs ins Land gekommen waren.

3 Die Ursprünge des Konflikts zwischen Arabern und Juden um Palästina

3.1 Der europäische Antisemitismus und die jüdische Einwanderung – Zionismus

Der Antisemitismus blickt auf eine lange Geschichte zurück. Die Juden wurden als „Gottesmörder" bereits im Mittelalter im christlichen Europa mit Hass verfolgt. Infolge des anwachsenden Antisemitismus fand die zionistische Bewegung statt.[8] Der Zionismus wurde kurz vor Beginn des zwanzigsten Jahrhunderts von dem jüdischen Wiener Journalisten Theodor Herzl als politisches Programm entworfen. 1896 veröffentlichte Herzl sein Werk „Der Judenstaat". Darin erklärt er, warum, wie und wo Juden einen eigenen Staat gründen sollten. „Palästina ist unsere unvergessliche historische Heimat. Dieser Name allein wäre ein gewaltig ergreifender Sammelruf für unser Volk. [...] Wir würden als neutraler Staat im Zusammenhang mit ganz Europa bleiben, das unsere Existenz garantieren müsste".[9]

Zionisten nannten sich Juden, die in Palästina einen eigenen Staat gründen wollten. Zu Beginn der achtziger Jahre des vergangenen Jahrhunderts hatte schon die erste Alija, das heißt Auswanderung von Juden nach Palästina stattgefunden. Sie erregte kein besonderes Aufsehen, auch nicht bei der autochthonen Bevölkerung, ebenso wenig die zweite Einwanderungswelle. Die ersten Wellen brachten insgesamt ca. 95000 Menschen nach Palästina viele von ihnen waren auf der Flucht vor Pogromen in Osteuropa und Russland. Durch Landkäufe begannen die Einwanderer sich, eine Existenz zu sichern; ab 1879 wurden sie darin vom zionistischen Weltkongress in Basel unterstützt. Erst Mitte der zwanziger Jahre des 20. Jahrhunderts begann sich der Wiederstand der arabischen Seite gegen die Neuankömmlinge zu regen. Die Hoffnung der Zionisten, in Palästina eine demographische Überlegenheit zu erreichen, was als wesentliche Vorbedingung für eine politische Dominanz betrachtet wurde, erhielt durch die Balfour-Erklärung von 1917 erheblichen Aufschwung.

Am 2. November 1917 erklärte Außenminister Balfour Lord Rothschild einem Repräsentanten der englischen Juden in einem Brief, dass sich Großbritannien

für die Einrichtung einer „nationalen Heimstätte" für die Juden in Palästina einsetzen werde.[10]

Bei der Pariser Friedenskonferenz von 1919 sprach der führende Zionist Weizmann von dem Plan, jährlich siebzig bis achtzigtausend Juden ins Land zu bringen.[11]

---

[8] Vgl. Margret Johannsen: Der Nahost – Konflikt. Wiesbaden 2009. S. 14
[9] Vgl. Martin Schäuble/Noah Flug 2007: „Die Geschichte der Israelis und Palästinenser" München S. 15
[10] Vgl. Wolfgang Günter Lerch, 1996: „Der lange weg zum Frieden" München; Berlin S. 86

3.2   Die demographische Entwicklung

Die erste moderne Volkszählung des Landes, die 1922 durchgeführt wurde ergab eine Gesamtbevölkerung von 757 000, von denen 84 000 bzw. 11% Juden waren. Diese Volkszählung war aber nicht fehlerfrei. Die Beduinen (Sie sind Araber und folgen dem Islam)[12] im Südteil des Landes hatten sich geweigert an der Volkszählung teilzunehmen. Im Jahr 1929 erhöhte sich der jüdische Bevölkerungsanteil auf 156 000 oder 16% der Gesamtbevölkerung des Landes. Im Gegensatz zu der groben Zählung der Bevölkerung von 1922 wurde 1931 die einzige wissenschaftliche Volkszählung in Palästina durchgeführt.

Zu ihren bedeutendsten Ergebnissen zählen die Daten bezüglich der Geburten – und Sterberaten. Diese zeigte die außerordentliche Fruchtbarkeit der palästinensischen Bevölkerung. Die Geburtenrate der Palästinenser war mit 53 pro Tausend sehr viel höher als die der Juden mit 32 pro Tausend Einwohner. Die jüdische Vertretung in Palästina, die "Jewisch Agency" rechnete damit, dass es bei der gegenwärtigen natürlichen Vermehrungsraten und bei der Einwanderung von 15000 Juden im Jahr bis zu einer halben Million Menschen kommen würde. Bis zu diesem Zeitpunkt würde die arabische Bevölkerung durch natürliche Vermehrung auf 1,1 Millionen anwachsen. Das Verhältnis zwischen der jüdischen und der arabischen Bevölkerung würde etwa 30:70 betragen.

Die dramatischen Ereignisse des israelischen Unabhängigkeitskrieges von 1947-1949 brachten eine Veränderung der demographischen Balance mit sich. Die Vertreibung von 700 000 Flüchtlingen der arabischen Bevölkerung aus ihrer Heimat gefolgt von Massenimmigration von Überlebenden aus dem zweiten Weltkrieg brachte die Juden ihrem Ziel einer absoluten Mehrheit sehr viel näher. Im Jahr 1952 war die Zahl der jüdischen Einwohner Israels mit 1,4 Millionen höher als die der verbliebenen arabischen Bevölkerung im Palästina die 1,2 Millionen betrug. Bis 1985 hatte sich das Verhältnis auf 63:37 verringert. Im Jahr 2003 war die Zahl der palästinensischen Einwohner im Westjordanland und im Gazastreifen auf rund 3,3 Millionen und in Israel selbst auf 1,3 Millionen angewachsen. Die Anzahl der Juden betrug 5,1 Millionen von einer Gesamtbevölkerung von rund 10 Millionen in Israel und den besetzten Gebieten. Seit 2000 hat die Rezession in Israel und die wachsende Arbeitslosigkeit, viele Menschen dazu veranlasst, sich anderswo einen Arbeitsplatz zu suchen. Vor diesem Hintergrund haben israelische Demographen Alarm geschlagen. Professor Aron Soffer von Universität Haifa teilte im Juli 2001 mit, dass die Juden bis zum Jahr 2020 höchst

---

[11] Vgl. Bernd Wasserstein, 2003: „Israel und Palästina", München, S. 16

[12] Vgl. http://de.wikipedia.org/wiki/Beduinen (ausgerufen am 21.11.2010)

wahrscheinlich nur noch 42 Prozent der Gesamtbevölkerung in Israel, dem Westjordanland und dem Gazastreifen ausmachen würde.[13]

Jüdische Einwanderung nach Palästina (bis 1948):

Zeitraum:	Zahl der Einwanderer:
1882 bis 1903	ca. 25 000
1904 bis 1914	ca. 40 000
1919 bis 1923	ca. 35 000
1924 bis 1931	ca. 80 000
1932 bis 1938	ca. 200 000
1939 bis 1945	ca. 80 000
1946 bis 1948	ca. 56 000

Entwicklung der jüdischen Bevölkerung in der Westbank

Jahr:	Zahl der Siedler:
1980	ca. 21 000
1985	ca. 42 000
1990	ca. 76 000
2000	ca. 150 000
2002	ca. 206 000

Quelle: http://www.worldlingo.com/ma/enwiki/de/Aliyah (ausgerufen am 17.10.2010)

3.3 Die Gründung des Staates Israel

Am 1. September 1947 präsentierte UNSCOP zur Lösung des Konflikts zwei Berichte. Guatemala, Kanada, Niederlande, Peru, Schweden, Tschecho-slowakei, Uruguay unterstützten den „majority report". Demnach sollte das Gebiet in zwei unabhängige Staaten aufgeteilt werden und Jerusalem dagegen sollte mit besonderem Status direkt der UNO unterstehen. Indien, Iran und Jugoslawien schlugen eine Föderation zweier autonomer Entitäten mit der gemeinsamen Hauptstadt Jerusalem vor.[14]

Am 29. November 1947 stimmte die Generalversammlung der UNO für die Teilung des Territoriums. Dies war die sogenannte Teilungsresolution (Resolution 181(II), bestimmte etwa 43% des Territoriums des Mandatgebiets für den Arabischen und 56% für den jüdischen Staat. Die arabischen Vertreter aus Palästina lehnten den Lösungsvorschlag der Vereinten Nationen ab. Die Gewalt zwischen Arabern und Juden eskalierte und ab Ende 1947 kam es zur militärischen Konfrontation. Das Land befand sich im Bürgerkrieg.

Auf der arabischen Seite kämpften weitgehend unorganisierte Gruppen, meist Dorfverbände und auf jüdischer Seite die zur Volksarmee gewachsene Hagannah und kleinere militärische Organisationen, wie Irgun oder die Stern Gruppe. Die Kämpfe, ab Anfang des Jahres 1948

---

[13] Vgl. Bernard Wasserstein, 2003: „Israel und Palästina", München, S. 11-30
[14] Vgl. Christian Hauswald 2009: „Der Status von Palästina" Baden-Baden S. 38-39

führten zur Flüchtlingsbewegungen der arabischen Bevölkerung in die umliegenden Staaten. Angesichts der Zustände zog die britische Regierung früher als vorgesehen ihre Truppen, bereits im Mai 1948 aus Palästina ab. Daraufhin beschloss die jüdische Seite, die Teilungsresolution auch einseitig umzusetzen. In der Nacht vom 14. auf den 15. Mai 1948 verkündete David Ben Gurion in Tel Aviv die Unabhängigkeit des jüdischen Staates Israel.[15]

Die Ausrufung des Staates Israel hatte einen massiven arabischen Aufstand zur Folge, der direkt in den ersten arabisch-israelischen Krieg führte. Das schlimme Ergebnis des Krieges war, dass die Hälfte des palästinensischen Volkes vertrieben und mehr als 400 Dörfer zerstört wurden. Auch die Landkarte des Nahen Ostens hatte sich nach den Kampfhandlungen verändert. Im November 1947 dehnte Israel das von den Vereinten Nationen zugesprochene Gebiet weit aus. Der Teilungsplan sah ursprünglich etwa 56% des Mandatsgebietes für den jüdischen Staat vor, so erklärte Israel nun 77% zu seinem Besitz. Auch Ägypten und Transjordanien, zwei der arabischen Angreifer zu Begin des Krieges, erzielten Landgewinne. Ägypten verwaltete den palästinensischen Gazastreifen und der transjordanische König Abdallah bin al-Hussein herrschte über Ost-Jerusalem mit der Altstadt und über das Gebiet westlich des Jordanufers, das Westjordanland. Hier liegen palästinensische Städte wie Hebron, Bethlehem, Ramallah, Nablus.[16]

Die Palästinenser für die laut offizieller arabischer Erklärung der Krieg im Mai 1948 begonnen wurde, gingen leer aus. Ein unabhängiger Palästinenserstaat kam nie zustande. Die Palästinenser standen ohne Mitspracherecht zwischen den Interessen der arabischen Nachbarländer. Diesen Krieg nennen Palästinenser „al-Nakba", das ist arabisch und heißt: die Katastrophe.

3.4   Der Sechstage Krieg und seine Folgen

Im Jahr 1964 begann Israel einen Teil des Jordanwassers für eigene Bewässerungsprojekte abzuleiten. Dies bedrohte die Wasserversorgung Jordaniens, und die arabischen Staaten beschlossen auf ihrem Gipfelkonferenz in Kairo, die Zuflüsse des Jordan über ein Kanal ins Westjordanland abzuleiten. Das hätte für Israel den Verlust von zwei Dritteln des Jordanwassers bedeutet.[17] 1967 häuften sich Angriffe auf israelische Arbeiter in der entmilitarisierten Zone und israelischer Siedlungen. Daraufhin reagierte Israel mit Luftangriffen gegen Syrien.

---

[15] Vgl. Dolores M. Bauer, 2002: „Israel/Palästina" Wien, S. 77
[16] Vgl. Martin Schäuble/Noah Flug 2007: „Die Geschichte der Israelis und Palästinenser" München S. 55

[17] Vgl. Nahost- Konflikt S. 5 in http://home.arcor.de/kutulu/Nahost-Konflikt%20%28Schwerpunkt%206-Tage-Krieg%29.pdf (ausgerufen am 14.12.2010)

Im Frühjahr 1967 deuteten die Zeichen im Nahen Osten immer deutlicher auf einen Krieg. Sowohl Israel als auch Ägypten rüsteten erkennbar auf und die arabischen Terroranschläge und israelischen Vergeltungsschläge mehrten sich. Unterstützt durch Waffenlieferungen aus der Sowjetunion stationierte Ägyptens Präsident Nasser seiner Truppen auf der Sinai-Halbinsel. Am 17.Mai 1967 verlangte Nasser den Abzug der UN-Truppen aus Ägypten. Der damalige Generalsekretär der Vereinten Nationen, Sithu U Thant gab Nassers Anforderungen nach und zog die Sogenannten Blauhelm-Soldaten die zu diesem Zeitpunkt auf der Sinai-Halbinsel zur Sicherung der Grenzen zwischen Israel und Ägypten stationiert waren, ab.[18]

Nasser ließ die Straße von Tiran sperren. Schiffe konnten von nun an nicht mehr die israelische Hafenstadt Eilat erreichen. „Nach kurzer Zeit war Israel umgeben von einem 200.000 Mann starken Heer, über 2000 Panzern und ca. 700 Kampfjets und Bombern. Trotzt dieser offensichtlichen Bedrohung beließ der Westen bei diplomatischen Protesten. Zudem spielten sowjetische und arabische Vertreter den Ernst der Lage vor der UNO herunter".[19]

Israel befürchtete eine arabische Offensive und ordnete die Generalmobilmachung. Am 5. Juni 1967 ging die Meldung über den Äther, dass ägyptische Flugzeuge auf dem Weg nach Israel abgeschossen haben und dass sich die israelische Armee auf dem Vormarsch in Richtung Sinai-Halbinsel befinde. Die Wahrheit ist, dass sich ägyptische Luftwaffe gar nicht auf dem Anflug nach Israel befinden konnte, da sie bereits am Boden zerstört worden war. Der Krieg war bereits nach sechs Tagen entschieden. Diese israelische Überraschungsangriff besiegte in nur sechs Tagen drei schwerbewaffnete Länder: Ägypten, Jordanien und Syrien. Israel besetzte den Gazastreifen, die Westbank, das ägyptischen Sinai und die zu Syrien gehörenden Golanhöhen. Von den ca. 1,3 Millionen Palästinensern, die im Gazastreifen und der Westbank gelebt hatten, flohen während des Krieges etwa 500000 in die arabischen Nachbarstaaten. Der Sicherheitsrat der Vereinten Nationen verabschiedete am 22. November 1967 die Resolution 242, die den Rückzug der israelischen Truppen aus den besetzten Gebieten im Gegenzug für eine arabische Anerkennung des Existenzrecht Israels fordert. Der Lösungsvorschlag der Vereinten Nationen wurde sowohl von Palästinensern als auch von den meisten arabischen Staaten abgelehnt. Der Sechstagekrieg wird bis heute von vielen als einer der größten Siege in der Geschichte Israels und der Welt dargestellt.[20]

Für die Palästinenser zeichnete sich ein ernüchterndes Bild der Lage: Sie waren Besiegt, ihr Land besetzt und ihre Organisationen auf sich selbst gestellt.

---

[18] Vgl. Dietmar Herz/ Julia Steets, 2001: „Palästina" München S. 45-46
[19] Vgl. Nahost-Konflikt pdf S. 5
[20] Vgl. Reuven Moskovitz, 2005: „Der lange Weg zum Frieden" Berlin S. 215-226

3.5   Der Beginn israelischer Siedlungspolitik

Die israelischen Soldaten besetzten die palästinensischen Gebiete nach dem Sechstagekrieg von 1967. Schon kurze Zeit später begann die Besiedlung des Landes mit Zivilisten. Die Besiedlung in den besetzten Gebieten kann in mehrere Phasen unterteilt werden. In der ersten Zeit unter den Regierungen von Meir und Rabin von der Arbeiterpartei wurden ganze Siedlungen mit ausgebauten Militärposten entlang des Jordantals und an strategisch wichtigen Orten im Westjordanland gegründet. Israel rechnete mit einem erneuten Angriff durch die arabischen Nachbarstaaten und befürchtete, allein durch seine mangelnde Größe in kürzester Zeit von fremden Armeen überrannt werden zu können.[21] Diese Idee wurde vom damaligen Verteidigungsminister Yigal Allon im sogenannten" Allon-Plan" zusammengefast.

Die zweite Phase der Siedlungspolitik begann mit dem Regierungswechsel. Nach den Wahlen von 1977 kam die Likuid-Partei an die Macht. Neue Siedlungen wurden nicht mehr nur aus sicherheitspolitischen Gründen gerechtfertigt, sondern sollten der praktischen Wahrnehmung der historischen jüdischen Rechte vor allem in "Judäa und Samaria" dienen. "1982 verkündete die Regierung, bis zum Ende der 80er Jahre 100 000 Israelis in den besetzten Gebieten anzusiedeln".[22]

Das Ziel war es, ein weit gespanntes Netzt jüdischer Siedlungen über das gesamte Westjordanland zu legen.

Die dritte Phase begann mit der Übernahme des Amts des Premierministers durch Jizchak Schamirs im Jahr 1984. Shamir plante eine erhebliche Ausweitung des Siedlungsbaus auch in weit abgelegenen Gebieten. Dies war der sogenannte „Drobles-Plan". Siedlungen sollten durch eigene Verbindungsstraßen, miteinander zu Blöcken verbunden werden und so die palästinensischen Bevölkerungszentren von einander trennen. In der Siedlungspolitik setzte die Regierung Netanjahu im Jahr 1997 neue Akzente. In dieser Zeit lässt sich ein sprunghafter Anstieg im Siedlungsbau feststellen: In 93 der 130 Siedlungen des Westjordanlandes wurde gebaut.

Erst mit dem Regierungswechsel im Mai 1999 kam die Hoffnung bei all jenen Israelis und Palästinenser auf. Ehud Barak versprach in seiner Regierungs-erklärung, dass die meisten Siedler unter israelische Souveränität verbleiben, diese aber in Blöcken zusammengefast werden sollten, so dass die größten Gebietsanteile an die Palästinenser abgetreten werden könnten. Auch wenn Barak in den Punkt Friedensprozess sehr viel kooperativer als Netanjahu vorging, setzte er doch beim tatsächlichen Siedlungsbau die Politik seiner Vorgänger

---

[21] Vgl. Dietmar Herz/ Julia Steets, 2001: „Palästina" München S. 115-116
[22] Vgl. Dietmar Herz, Christian Jetzlsperger, Kai Ahlorn (Hg.) 2003: „Der israelisch-palästinensische Konflikt", Stuttgart S. 81

ungebrochen fort. Die Zahl der Siedler in der Westbank und im Gaza-streifen stieg von Juli 1999 bis Dezember 2000 erneut von 176.970 auf 199.460.[23]

3.6 Wasser

Eng mit der Frage nach Siedlungen ist das Problem der Wasserrechte verbunden. Wasser ist eine der wichtigsten und knappsten Ressourcen im Nahen Osten. Die Wasserversorgung liegt seit 1967 ausschließlich in der Hand einer israelischen Firma. Während der Besatzungszeit schränkte die israelische Regierung den Wasserverbrauch der palästinensischen Bevölkerung ein, so dass die Landwirtschaft mit erheblichen Problemen konfrontiert war. Gleichzeitig wurden die Wasserquoten für die israelischen Siedlungen sehr großzügig berechnet. Der Unterschied nährte viele Ressentiments in der palästinensischen Gesellschaft und trug zum Ausbruch der Intifada bei. Auch in den 50 und 60er Jahren führten die Bestrebungen Israels und Syriens zur Ableitung von Jordanwasser zur einen Eskalation, die den Sechstagekrieg mitauslöste.[24]

Am Ende der neunziger Jahre war der Wasserverbrauch der Palästinenser im Westjordanland so gering wie in kaum einem anderen Land der Welt: 20 bis 30 Kubikmeter pro Kopf und Jahr. Im Juli 2002 berichtete das israelische Fernsehen, dass die Wasserleitung sowohl von Palästinensern als auch von jüdischen Siedlungen im Westjordanland illegal angezapft worden. Weil sich der israelische Minister für Infrastruktur beschwerte, dass 250 ungenehmigte Brunnenbohrung innerhalb des palästinensichen Autonomiegebiets im Westjordanland stattgefunden hätten, befahl der israelische Wasserkommissar, sämtliche Brunnenbohrungen durch Palästinenser im Westjordanland zu unterbinden.[25]

1999 wurde die Wasserfrage auf der Liste der Tagesordnungspunkte für die Verhandlungen gesetzt. Dabei ist sie nicht nur für die Lösung des Konflikts zwischen Palästinensern und Israelis zentral, sondern auch für eine friedliche Beilegung des Nahostkonflikts insgesamt. Beispielsweise die Golanhöhen, um deren Rückgabe es bei den Verhandlungen mit Syrien geht. Da auf dem Golan die Quellflüsse des Jordan entspringen und weil eine vollständige Rückgabe der Anhöhen für die Syrer einen direkten Zugang zum See Genezareth bedeuten würde.

---

[23] Vgl. Dietmar Herz, Christian Jetzlsperger, Kai Ahlorn (Hg.) 2003: „Der israelisch-palästinensische Konflikt", Stuttgart S. 86-89
[24] Vgl. Stefan Laube, 2003: „Der lange Weg der Versöhnung", Marburg, s. 42-43
[25] Vgl. Bernard Wasserstein, 2003: „Israel und Palästina", München, S. 82-83

4 Die Rolle der EU im Friedensprozess

Seit der Ausrufung des Staates Israel im Jahr 1948 ist der Konflikt zwischen Israelis und Palästinensern sehr komplizierte geworden. Die vielen Todesopfer ließen den Konflikt schnell verhärten, sodass eine Einigung ohne fremde Hilfe nahezu aussichtslos erschien. Im Laufe der Jahrzehnte folgten verschiedene Bemühungen lokaler und ausländischer Diplomaten den Konflikt zu beenden. Da jedoch diese Friedensbemühungen keine absolute Wende in den Friedensprozess gebracht haben, fragen sich die westlichen Politik-wissenschaftler, welche Gründe alle Bemühungen, die Auseinandersetzungen endgültig beizulegen, bisher scheitern ließen. Eine die sich mit derartigen Fragen und deren Lösung auseinandersetzt ist die Schule der „Mediation".

Die EU war in der Vergangenheit bemüht, die Defizite der US-amerikanischen Nahostpolitik, durch eigene Initiativen auszugleichen und so mehr oder weniger als Mediator zu fungieren.

4.1 „Mediation" Begriffserklärung

Mediation leitet sich von der lateinischen Adjektiv „Medius" ab und bedeutet „Vermittlung". „Eine Mediation muss im Kern als eine Ausweitung des Verhandlungs- prozesses gesehen werden, bei dem eine von den Konfliktparteien akzeptierte dritte Kraft interveniert, um den Verlauf oder den Ausgang eines bestimmten Konflikts zu ändern".[26]

Bercovitch definiert Mediation als einen reaktiven Prozess der Konflikt- bewältigung, in welchem verwickelte Parteien die Hilfe eines Individuums, einer Gruppe oder Organisation annehmen um einen Konflikt oder ein Problem zu lösen ohne physische Gewalt zu bedienen oder sich auf die Autorität von Gesetzen zu berufen.

Das Anwendungsgebiet von Mediation im internationalen Bereich ist unbegrenzt und das bietet sich dann an wenn ein Konflikt schon eine Weile schwelt, wenn die Bemühungen der Akteure in einer Sackgasse geraten sind, wenn keiner der Akteure bereit ist, die weiteren Kosten oder eine Eskalation des Streites zu akzeptieren und wenn sich beide Parteien bereits an einem direkten oder Indirekten Dialog beteiligen.[27]

Um eine Mediation zu erforschen bieten sich zwei Methoden an, die deskriptive Methode und das normative Verfahren. „Die deskriptive Methode betont die individuellen Aspekte einer Kontroverse und die geht von der Annahme aus, dass alle Fälle verschieden sind und dass man keine generelle Aussage über die Art der Mediation und Ergebnisse treffen kann. Das

---

[26] Vgl. Meyer, Berthold: Formen der Konfliktregelung. Opladen: Leske + Budrich, 1997 S. 187
[27] Vgl,. Ebd. S. 187

normative Verfahren befasst sich mit einer großen Bandbreite von Konflikten und betont die subjektive Elemente der Wahrnehmung und Kommunikation".[28]

Es geht davon aus, dass kein Streit für eine erfahrene dritte Partei zu schwer ist ihn zu bearbeiten. Die Mediation wird durch den Kontext und die Besonderheiten einer Situation geprägt. Das heißt, sie wird von den jeweiligen Regeln, Überzeugungen, Einstellungen, Verhaltensweisen und Symbole bestimmt. Um eine erfolgreiche Mediation zu haben, muss man vor allem anpassungsfähig sein und auf die Besonderheiten des Konflikts eingehen können.

4.2   Bedingungen für den Erfolg von Mediation

Eine Mediation wird als erfolgreich definiert, wenn sie für die Steuerung eines Konflikts und die darauffolgende Interaktion der Parteien einen positiven Wandel bewirkt hat. Als teilweise erfolgreich gilt eine Mediation, wenn sie Verhandlungen und einen Dialog zwischen den Parteien angeregt hat. Als gescheitert wird sie benannt, wenn sie keinen erkennbaren Einfluss auf den Konflikt oder das Verhalten der Parteien gezeigt hat.[29] Aber welche Ausgangsbedingungen sind für eine erfolgreiche Mediation günstig?

a) Die Hypothese beim Studium internationaler Beziehungen besagt, dass die demokratischen Staaten seltener als nicht demokratischer Staaten einen Konflikt beginnen. Sie neigen weniger zu äußeren Aggressionen und sie können die internen Unzufriedenheiten besser moderieren und kanalisieren. Es wurde festgestellt, dass Demokratien 30% der Staaten stellen, die in Mediationsversuche einbezogen wurden. Sie bedienen sich aber der Mediation nur wenn ihre Gegner nicht demokratische Staaten sind. Man kann zum dem Ergebnis sagen, dass die Art des politischen Systems nicht die Chancen eine erfolgreiche Mediation beeinflusst.[30]

Die Dauer und der Zeitpunkt der Mediation können auch die Wahrscheinlichkeit ihres Erfolges mitbestimmen. Darüber herrscht allerdings keine Übereinstimmung wie man erkennt, wann ein Konflikt reif ist. Einige Wissenschaftler meinen, dass Mediation eher ein Erfolg habe, wenn sie in einem Frühstadium (bevor die Gegner die Gewaltschwelle überschreiten und einander schwere Verluste zufügen) begonnen wird. Andere sind der Meinung, dass Mediation Wirksamer sei, wenn ein Streit mehrere Phasen durchlaufen habe und wenn beide Seiten die Bereitschaft signalisiert hätten.[31]

---

[28] Vgl,. Ebd. S.188
[29] Vgl,. Ebd. S. 190
[30] Vgl,. Ebd. S. 191
[31] Vgl. Ebd. S. 193

Eine effektive Mediation hängt nicht nur von den Kenntnissen des Mediators über den Konflikt ab, sondern auch von dessen Reputation, Autorität, originellen Ideen, den Zugang zu geeigneten Hilfsmittel und der Fähigkeit unauffällig zu handeln.

Eine der wichtigsten Ressourcen über die ein internationaler Mediator verfügen kann ist die Legitimität. Staatsoberhäupter, Regierungsmitglieder und hohe Beamte besitzen Legitimität und können diese in Verbindung mit ihrem Status und dem ihnen erwiesenen Respekt zum Tragen bringen.[32]

b) Ein weiterer Faktor für den Erfolg von Mediationen ist der relative Macht- status der im Konflikt liegenden Parteien. Ott und Young behaupten, dass die Wirksamkeit internationaler Mediation größer sei, wenn die Machtunterschiede zwischen Gegnern geringer sind. Deutsch argumentiert hingegen, dass Konflikte leichter gelöst werden, wenn die Unterschiede hinsichtlich Macht und Legitimität gegenseitig akzeptiert werden.[33]

Eng verbunden mit dem Zeitpunkt der Mediation ist der Aspekt der Konfliktintensität. „Die Kosten, die den beteiligten bei der Fortsetzung eines Konflikts entstehen, können irgendwann so hoch werden, dass weitere Verluste unerträglich und inakzeptabel werden".[34] Auch hier gibt es zwei gegensätzliche Standpunkte. Jackson und Yong zufolge nimmt mit der Konfliktintensität die Wahrscheinlichkeit zu, dass sich die Mediation als erfolgreich erweisen wird um die Verluste zu vermeiden. Die gegensätzliche Ansicht lautet: Je höher die Verluste sind, um so polarisierter werden die Positionen der Beteiligten, die Mediations- bemühungen abzulehnen. Bei niedrigen Opferzahl war die Mediation erfolgreicher als bei denen die mehr als 10,000 Opfern hatten.

Frei (1976) stellte fest, dass Mediatoren mit den gleichen religiösen, ideologischen oder wirtschaftlichen Werten wie die Konfliktgegner eine bessere Erfolgsaussicht hatten, als andere Mediatoren, weil die Mediatoren aus der gleichen Gruppe ein starkes Eigeninteresse, für den Frieden und für die Stabilität aufrecht zu erhalten haben.[35]

Eine der Hauptaufgaben der Mediation besteht darin, das Vorgehen im Hinblick auf eine Verständigung zu organisieren. Das wird am Besten erreicht, wenn die Konfliktsteuerung in einer neutralen Umgebung stattfindet, die frei von äußerem Druck und der Medien ist. Das ermöglicht dem Mediator, die Parteien auf wesentliche Themen zu konzentrieren und

---

[32] Vgl. Ebd. S.196
[33] Vgl. Ebd. S.191-192
[34] Vgl. Ebd. S. 193
[35] Ebd. S 196

er kann den Beteiligten einen freien und gleichen Zugang zu Informationen und Ressourcen gewähren, die die Machtunterschiede zwischen den Parteien ausgleicht.[36]

4.3   Erste europäische Positionsbestimmung

Bei ihrem ersten EPZ- Treffen im November 1970 in München wählten die Außenminister der damals sechs Mitgliedstaaten den Konflikt im Nahen Osten als zentrales Thema. Es ging darum die unterschiedlichen Positionen einander anzunähern und den gemeinsamen Nenner für eine europäische Haltung zu definieren. In einer Erklärung von November 1973 schlossen sich die EPZ-Staaten den Forderungen der VN- Resolutionen 242 und 338 an, in denen sowohl der Rückzug israelischer Truppen aus den von ihnen im Sechstagekrieg von 1967 besetzten Gebieten als auch die Anerkennung der Souveränität, territorialen Unversehrtheit und politischen Unabhängigkeit eines jeden Staates in der Region verlangt wurde.

Die Entwicklung einer gemeinsamen Haltung im Nahost-Konflikt war aber nicht gleichbedeutend mit einer aktiven europäischen Rolle. Vielmehr erschöpften sich die Bemühungen der Mitgliedstaaten auf europäischer Ebene in den 70er Jahren weitgehend in der Koordinierung ihrer nationalen Positionen. Zunächst waren die Positionen sehr unterschiedlich. Frankreich stand nach dem Sechstagekrieg Israel sehr kritisch gegenüber, Deutschland und Großbritannien reagierten eher proisraelisch.[37]

Ihre umfassende Grundposition zum Nahost-Konflikt fanden die - mittlerweile neuen – Mitgliedstaaten im Juni 1980 in der Erklärung von Venedig. Darin erkannten sie sowohl das Recht Israels auf Existenz und Sicherheit als auch das Recht des Palästinensischen Volkes auf Selbstbestimmung an. Den Verzicht auf Gewaltanwendung bezeichnete die Erklärung als Grundlegendes Element für die Lösung des israelisch-palästinensischen Konflikts. Zugleich rief sie Israel dazu auf, seine Siedlungspolitik in den seit 1967 besetzten Gebieten zu beenden und bezeichnete diese ausdrücklich als „völkerrechtswidrig".[38]

Von israelischer Seite wurde die Erklärung von Venedig heftig kritisiert und als Beleg dafür gewertet, das die Europäer sich zu stark von den arabischen Bedingungen für eine Friedenslösung leiten lassen würden.

Obwohl sich nach dem israelischen Einmarsch in den Libanon im Juni 1982 die Lage in Nahost zuspitzte, blieb die Rolle der europäischen Außenpolitik mangels Handlungsmöglichkeiten auch nach der Erklärung von Venedig blass. Zudem war die EU in den 80er Jahren mit der Aufnahme neuer Mitglieder – 1981 trat ihr Griechenland bei, 1986

---

[36] Vgl. Ebd. S. 197
[37] Vgl. Isabel Schäfer: Die Europäische Union und der Nahostkonflikt. bpb. Aus Politik und Zeitgeschichte (B 20 / 2004) S.3
[38] Vgl. SWP-Berlin: „Materialsammlung zum Friedensprozess im Nahen Osten" Berlin S. 14

folgten Spanien und Portugal – und mit den Verhandlungen zur Weiterentwicklung der institutionellen Strukturen beschäftigt, die 1986 zur Verabschiedung der einheitlichen europäischen Akten führten. Zwar nahmen die Mitgliedstaaten eine Reihe weitere, auf der Erklärung von Venedig aufbauenden EPZ-Erklärungen, an; ihr Profil konnte die EU in Nahost dadurch jedoch nicht stärken.

4.4 Der Osloer Friedensprozess

Am 10. September 1993 wurden Briefe zwischen PLO und Israel ausgetauscht. Drei Tage später am 13. September 1993 wurde die „Deklaracion of Principles on Interim Self-Gouvernment Arrangement" unterzeichnet.[39]

Die Osloer Prinzipienerklärung von 13. September 1993 und die gegenseitige Anerkennung der beiden Konfliktparteien hatten für viele Beobachter nicht nur eine Aussöhnung zwischen den Kontrahenten und eine Befriedigung des Konflikts im Nahen Osten, sondern auch eine Verwirklichung des palästinensischen Selbstbestimmungsrecht in einem unabhängigen Staat in greifbare Nähe. In einer fünfjährigen Übergangsperiode sollten die israelische Truppen in drei Etappen aus dem Großteil der 1967 besetzten palästinensische Gebiete West Bank und Gazastreifen abgezogen und eine palästinensische Selbstregierungsbehörde geschaffen werde.[40]

Die Palästinenser werden in zivile Befugnisse vorbereitet und schrittweise Kompetenzen an die palästinensische Selbstverwaltungsbehörde übertragen. Die neuen Ämter sollte vorerst die spitze der PLO unter Leitung ihres Vorsitzenden Jasir Arafat besetzen, die Behörde sollte erst später demokratisch legitimiert werden.

Im Interimsabkommen folgten dann Vorkehrungen für die Wahl eines Präsidenten und eines Legislativrates sowie allgemeine Festlegungen zum palästinensischen Regierungssystem „wie die Forderung nach offener Regierungsführung, Rechtstaatlichkeit, Demokratie, Gewaltenteilung, Gleichheit vor dem Gesetz und die Gewährung von Bürgerrechten"[41]

Im Mai 1994 wurde mit dem Pariser Protokoll die einseitige und partielle wirtschaftliche Integration der palästinensischen Gebiete in die israelische Volkswirtschaft im Rahmen einer Zoll- und Währungsunion fortgeschrieben. Beide Seiten verpflichteten sich durch die Einrichtung von Industrieparks zu einer enger wirtschaftlichen Kooperation. Das Pariser Protokoll sah eine Anpassung der palästinensischen Importzölle und Mehrwertsteuersätze an die israelischen Größen vor. Der Umfang und die Partner des Palästinensischen Außenhandels

---

[39] Vgl. Dietmar Herz/Julia Steets: „Palästina" München 2001 S. 87
[40] Vgl. Christian Hauswald: „Der Status von Palästina" Baden-Baden 2009 S.64-65
[41] Vgl. SWP-Berlin: „Materialsammlung zum Friedensprozess im Nahen Osten" Berlin S. 8

waren in einem Vertrag detailliert festgelegt. „Tatsächlich bildete das abkommen damit die Grundlage für die Beibehaltung einer weitgehenden israelischen Kontrolle über die die palästinensische Wirtschaft und den Außenhandel [...] sowie der Sozialversicherung und Steuersysteme".[42] Im Gegenzug verpflichtete Israel mindestens drei viertel der von palästinensischen Arbeitskräften in Israel geleisteten Einkommenssteuern und Krankenversicherungsbeiträge an palästinensische Behörde zu überweisen.

Ende Mai 1996 knapp fünf Monate nach Rabins Ermordung durch ein fanatischen Israeli, gewann Benjamin Netanjahu die Wahlen und dessen ablehnende Haltung gegenüber dem Oslo Prozess machte das Vertrauen der Palästinensische Führung und der Bevölkerung zunichte. Durch die verzögerte Umsetzung der Abkommen geriet der Friedensprozess in eine Zeit schwerer Krisen und die Verhandlungen über den endgültigen Status wurden nicht wie vorgesehen, vom dritten Jahr der Interimsperiode geführt.[43]

Im September 2000 brach nach einem Besuch des israelischen Oppositions- führers Ariel Sharon auf dem Tempelberg in Jerusalem die sogenannte „Al Aqsa Intifada" aus, in deren Folge eine Vielzahl palästinensischer Terror- anschläge in Israel verübt wurden. Damit war der Friedensprozess zum Stillstand gekommen.

4.5 Die EU-Unterstützung für den Nahost-Friedensprozess nach Oslo

Das Jahr 1993 markierte einen Einschnitt in der europäischen Nahost Politik. Die gegenseitige Anerkennung Israels und der PLO eröffnete neue Chancen auf eine Beilegung des Konflikts um Palästina. Im gleichen Jahr trat der Maastricht Vertrag über die politische Union und die gemeinsame Außen und Sicherheitspolitik in Kraft. „Zudem waren die politischen Kräfte der Gemeinschaft durch den Maastricht- Vertrag und die Errichtung der Wirtschaft- und Währungsunion gebunden".[44]

Die in Maastricht beschlossene GASP ist eine intensive Form Inter- gouvernementaler Zusammenarbeit in deren Rahmen ein ständiger Informationsaustausch zwischen den Regierungen der EU Mitgliedstaaten über die Fragen der Internationalen Politik und eine Angleichung der Nationalen Standpunkte stattfindet.[45]„Seine wichtigsten Instrumente sind die „Gemeinsamen Strategien", die „Gemeinsamen Standpunkte", die „Gemeinsamen Aktionen",

---

[42] Vgl. Ebd. S. 9

[43] Vgl. Dietmar Herz/Christian Jetzlsprenger/ Kai Ahlorn: „Der israelisch – Palästina Konflikt" Stuttgart 2003 S. 116-117

[44] Vgl. Michael F. Klinkenberg: Die Rolle der EU im Nahost Friedensprozess. Münster 2002 S. 32

[45] Vgl. Isabel Schäfer: Die Europäische Union und der Nahostkonflikt. bpb. Aus Politik und Zeitgeschichte (B 20 / 2004) S. 4 (ausgerufen am 09.11.2010)

die Erklärungen zu aktuellen Krisen, die Kollektive Stimmabgabe bei den Internationalen Organisationen und Konferenzen,[…] die Ernennung von Sonderbeauftragten […]".[46]

Von 1993 bis 2002 bezeugen die zahlreichen Deklarationen der EU das Engagement der Europäer, den Friedensprozess mitzutragen, insbesondere durch die finanzielle Unterstützung der Autonomiebehörde. Im Zeitraum von 1994 bis 2000 waren die EU und ihre Mitgliedstaaten der größte Geber finanzieller Hilfe sowohl für die palästinensischen Gebiete als auch für den gesamten Nahost – Friedensprozess. Nach Angaben der EU – Kommission, umfasste die Unterstützung für palästinensische Gebiete insgesamt 1,5 Milliarden Euro für den Zeitraum. Zusätzlich steuerte die EU 505 Millionen Euro zur Budgetunterstützung der UNRWA (United Nations Relief and Works Agency for Palestina Refuges in the Near East) bei.[47]

Die europäischen Mittel flossen in die Entwicklung der palästinensischen Wirtschaft und Infrastruktur, in Bildung und in den Aufbau palästinensischer Regierungsinstitutionen. Auch Projekte zur zivilgesellschaftlichen Kooperation wurden finanziert. Die europäischen Hilfen basierten auf der Prämisse, dass eine spürbare Verbesserung der Lebensbedingungen radikalen Positionen in den palästinensischen Gebieten den Boden entziehen und damit gleichzeitig einen Beitrag zur Sicherheit Israels leisten würde.

Auch nach dem Ausbruch der Al-Aqsa Intifada im Jahr 2000 blieb die EU der wichtigste Geber in den palästinensischen Gebieten. In den Jahren 2000-2006 leistete sie Unterstützung in Höhe von über 1,8 Milliarden Euro. Nach dem Sieg der Hamas bei den palästinensischen Parlamentswahlen Ende Januar 2006 sah sich die EU jedoch nicht mehr in der Lage, die Hilfeleistungen für die Autonomiebehörde weiterzuführen. Im Zuge einer internationalen Isolierungspolitik gegenüber der in Europa als terroristische Vereinigung geführten Hamas-Regierung stellte sie die direkten Zahlungen an die Autonomiebehörde ein. Um die Folgen für die Zivilbevölkerung abzufedern, etablierte sie den sogenannten „Temporary International Mechanism"[48], mit der europäische Unterstützung ab Juni 2006 unter Umgehung der Hamas-Regierung direkt an die Bevölkerung geleitet wurde. Seit Mitte Juni 2007 regierte in der Westbank eine von Präsident Abbas eingesetzte, größtenteils aus politisch unabhängigen Technokraten bestehende Regierung. Die EU ersetzte den TIM durch einen neuen

---

[46] Vgl. Ebd. S. 4

[47] Vgl. SWP-Berlin: „Materialsammlung zum Friedensprozess im Nahen Osten" Berlin S. 13

[48] Vgl. http://eeas.europa.eu/occupied_palestinian_territory/tim/implement_progress_en.pdf (ausgerufen am 23.11.2010)

Finanzierungsmechanismus „PEGASE"[49] und brachte zusammen mit weiteren europäischen Staaten bei einer internationalen Geberkonferenz für die palästinensischen Gebiete im Dezember 2007 in Paris rund 4 Milliarden Euro an finanziellen Zusagen gegenüber der palästinensischen Autonomiebehörde auf. „Von 1994 bis 2007 belief sich die Unterstützung für die palästinensische Autonomiebehörde und palästinensische Nicht-Regierungsorganisationen, humanitäre Hilfe für die Flüchtlinge und Grenzüberschreitende Friedensprojekte auf rund 7,5 Milliarden Euro".[50] 30 Prozent davon stammten von der europäische Investitionsbank und dem Haushalt der EU-Kommission. 70 Prozent kamen von den EU-Mittgliedstaaten. Deutschland führte die Liste der Geberländer mit rund einem Viertel aller Unterstützungen an.

4.6   Deklaratorische Politik- wichtige EU-Deklarationen zur Situation im Nahen Osten

Die Weigerung der Regierung Netanjahu, die vereinbarten Abkommen umzusetzen, erregte den Unmut des Westens und die nächsten Jahre waren auf Seiten der EU von deutlicher Frustration geprägt. „Aufgrund zahlreicher gewalttätigen und terrorischen Übergriffe auf beide Seiten, ersetzte die neue israelische Regierung die Verhandlungsbasis „Land gegen Frieden" einseitig und willkürlich durch den Grundsatz „Frieden gegen Sicherheit" ohne Bezug auf die UN – Resolutionen 242 und 338 zu nehmen".[51]

Das brachte die EU zu einen gemeinsamen Erklärung von Florenz im Jahr 1996. Hier machte die EU ihre Position noch einmal explizit deutlich. Sie verwies auf die Einhaltung der bestehenden Abkommen und die Notwendigkeit der UN –Resolutionen als Verhandlungsbasis. Die EU forderte die Aufhebung und den Verzicht auf die Abriegelung der Autonomiegebieten, die zu wirtschaftlichen Beeinträchtigung führen würde. In eine Reise Chiracs in den Nahen Osten, im Rahmen der französischen EU – Präsidentschaft machte er in Syrien die französische Position deutlich, in dem er den vollständigen Rückzug aus den besetzten Gebieten, die Schaffung eines palästinensischen Staates und eine gleichberechtigte Partnerschaft der EU mit den USA im Friedensprozess forderte. Chiracs Positionshaltung führte zu Protesten der israelischen Regierung.[52]

Um die Repräsentanz der EU im Nahen Osten zu verbessern, setzte die EU 1996 den spanischen und späteren Außenminister Miguel Moratinos einen EU- Sonderbeauftragten für den Nahost – Friedensprozess ein. Moratinos unterhielt Kontakte zu Israel, Palästina, aber

---

[49] Vgl. http://europa.eu/rapid/pressReleasesAction.do?reference=IP/08/94&format=HTML&aged=
1&language=DE&guiLanguage=en (ausgerufen am 15.12.2010)
[50] Vgl. Margaret Johannsen: Der Nahost – Konflikt. Wiesbaden 2009. S.130
[51] Vgl. Michael F. Klinkenberg: Die Rolle der EU im Nahost Friedensprozess. Münster 2002 S. 33
[52] Vgl. Isabel Schäfer: Die Europäische Union und der Nahostkonflikt. bpb Aus Politik und Zeitgeschichte S. 10

auch zu Syrien Libanon und Ägypten, brachte Vorschläge ein und stärkte damit das politische Profil der EU im Friedensprozess.[53]

In der Erklärung von Dublin vom Dezember 1996 fand die EU deutliche Worte für die fortgesetzte Siedlungspolitik, die Sie als völkerrechtswidrig und als Hindernis für den Frieden deklarierte. Sie forderte die Aufhebung der fortgesetzten Blockade der besetzten Gebiete und warnte vor den Auswirkungen die auch zum Anwachsen von Unzufriedenheit und Gewalt führen könnten.

In dem Gipfel von Amsterdam im Juli 1997 wiederholt die europäische Union ihre politische Position und wurde mit der indirekten Option eines palästinensischen Staates, die Position Chiracs von der EU weitgehend übernommen. „Wir rufen das israelische Volk auf, das Recht der Palästinenser auf Selbstbestimmung anzuerkennen, ohne die Option eines Staates auszuschließen. Die Schaffung eines existenzfähigen und friedlichen souveränen palästinensischen Gemeinwesens ist die beste Gewähr für die Sicherheit Israels".[54]

In der Erklärung von Cardiff vom 15/16. Juni 1998 bekräftigt die EU nochmal die Leitlinien der Nahost Politik die im Dezember 1997 in Luxemburg festlegt wurde. „Die europäische Union unterstützt die Bemühungen der Vereinigten Staaten, die Parteien dazu zu bewegen, einem Bündel von Vorschlägen zuzustimmen, [...] die den Weg für die Umsetzung der bestehenden Abkommen und die Wiederbelebung der Gespräche über den Endgültigen Status ebnen würden und betont den willen der Europäischen Union, alles in ihrer Macht stehende zu tun, um den Friedensprozess und diejenigen, die ihn voranbringen wollen, zu unterstützen und zu stärken".[55]

Die Erklärung von Berlin im März 1999 gehört zu den zentralen Texten der europäischen Nahost – Politik. Die EU geht hier in ihrer Direktheit weit über die vorherigen Erklärungen hinaus und bezeugt den Unmut über ihre beschränkte Rolle im Friedensprozess. Sie ruft die Parteien zur Unterlassung von völkerrechtswidrigen Handlungen und erwägt die Möglichkeit der Anerkennung eines palästinensischen Staates. „Die Europäische Union erklärt sich bereit, die Anerkennung eines palästinensischen Staates im Einklang mit den oben genannten Grundsätzen zu gegebener Zeit in Erwägung zu ziehen".[56]

Im März 2000 forderte Arafat in Berlin ein stärkeres Engagement Deutschlands und der europäischen Union, nicht nur auf wirtschaftspolitischer Ebene sondern als Korrektiv zur pro-israelischen Politik der USA verbunden.

---

[53] Vgl. ebd. S. 4
[54] Vgl. Michael F. Klinkenberg: Die Rolle der EU im Nahost Friedensprozess. Münster 2002 S. 35
[55] Vgl. SWP: Materialsammlung zum Friedensprozess im Nahen Osten. Berlin 2003 S. 15
[56] Vgl. ebd. S. 16

Die Bundesregierung verließ aber ihren festgelegten Kurs einer Beschränkung auf eine Wirtschaftshilfe nicht. Auf die von Arafat angekündigte Proklamation eines unabhängigen Palästinenserstaates reagierte die europäische Union in einer Erklärung vom 12. September 2000 und wies daraufhin, dass „das Recht des Palästinensischen Volkes, einen souveränen, demokratischen, Lebensfähigen und friedliebenden Staat aufzubauen, nicht in Frage gestellt werden kann. [...] Es bleibt noch die Wahl des Zeitpunktes und dies ist eine Angelegenheit des palästinensischen Volkes".[57]

Als der Oppositionsführer Ariel Scharon am 28. September 2000 den Tempelberg besuchte und eine sogenannte „Al Aqsa – Intifada" auslöste, reagierte die EU am 13. Oktober 2000 mit einer eiligen Erklärung von Biarritz und forderte das Ende aller Provokationen, was als Hinweis auf den Besuch Scharons zu verstehen war und ein Ende der Gewalt und eine Wieder- aufnahme des Dialogs verlangte. Dieses Ereignis überschattete die Nahost- Reise von Bundeskanzler Schröder, der ausdrücklich nicht als Vermittler auftreten wollte. „Eine solche Funktion will er allein den USA oder Frankreich überlassen".[58]

Deutschland will sich wegen seiner besonderen Beziehung zum Staat Israel und wegen des geringen Einflusses, den es besitzt, in keiner Weise exponieren und seine offizielle Neutralität im Konflikt beibehalten und nur innerhalb der GASP agieren. Schröder warnte sogar Arafat vor der einseitigen Staatsproklamation, die die europäische Union vor dem Ausbruch der Zweiten Intifada bereit zu unterstützen war. Mit dieser Haltung Schröders wird der Dualismus Deutschland - Frankreich innerhalb der GASP nochmal deutlich.

Am 8. Dezember 2000 fordert die EU in der Erklärung des europäischen Rates von Nizza den vereinbarten Rückzug der israelischen Truppen, die Öffnung zweier sicherer Passagen zwischen Gazastreifen und dem Westjordanland sowie die Aufnahme der Arbeit der Enquete – Kommission unter Beteiligung Solanas und die Einrichtung einer Beobachtermission.

„ Israel kritisierte diese Erklärung als einseitig und nicht konstruktiv wegen einer fehlenden Verurteilung der Gewalt seitens der Palästinenser, die aus israelische Sicht die alleinige Schuld an der Eskalation der Gewalt tragen [...]".[59]

Mit dem Amtsantritt Scharons als neuer Ministerpräsident im März 2001 war die Phase der Verhandlungen beendet und es begann eine Phase der kontrollierten Eskalation.

---

[57] Vgl. Michael F. Klinkenberg: Die Rolle der EU im Nahost Friedensprozess. Münster 2002 S. 37
[58] Vgl. ebd. S. 39
[59] Ebd. S.40

4.7 Die EU als Teil des Nahost-Quartetts

Mit der Aufnahme der EU in das im April 2002 gebildete „Nahost Quartet" zusammen mit den USA, Russland und den Vereinten Nationen fand die gewachsene europäische Rolle Anerkennung. Die EU wird bei Treffen des Quartetts auf Ministerebene von ihrer Troika vertreten. Die Idee gemeinsamer internationaler Bemühungen war angesichts der sich zunehmend verhärteten Fronten im Nahen Osten und einer Reihe erfolgloser nationaler Initiativen geboren worden.

Die Mitglieder des Quartetts machten sich daran, ihre Ansätze zu harmonisieren und einen Fahrplan für eine dauerhafte Lösung des israelisch-palästinensischen Konflikts zu erarbeiten. Grundlage hierfür war die zwei Staaten Lösung, für die sich im Juni 2002 auch US-Präsident Bush in seiner Rede vor der Generalversammlung der Vereinten Nationen erstmals aussprach[60]. Im April 2003 legte das Quartett der Israelischen Regierung und der palästinensischen Behörde einen Fahrplan vor, der die Schaffung eines palästinensischen Staates vorsah. Die sogenannte „Road map" wurde im Mai 2003 dem Sicherheitsrat vorgelegt und kurz darauf durch die Resolution 1515 indossiert.[61]

„Der Plan sieht in der ersten Phase, die ursprünglich bis Mai 2003 dauern sollte, folgende Maßnahmen vor.

Die Palästinenser erklären einen Gewaltverzicht, verkünden eine Waffenruhe und bekräftigen, dass sie das Existenzrecht des Staates Israel anerkennen; Israel verpflichtet sich zur Umsetzung einer Zwei-Staaten-Lösung, die die Etablierung eines lebensfähigen und unabhängigen palästinensischen Staates einschließt. Die palästinensische Seite ergreift umfassende Maßnahmen zur Bekämpfung des Terrorismus, indem sie insbesondere die Sicherheitsapparate umstrukturiert, die palästinensischen Gruppierungen entwaffnet und die Sicherheitskooperation mit Israel wiederaufnimmt. Israel stoppt den Siedlungsbau vollständig und räumt die Siedlungen, die nach März 2001 errichtet worden sind (…)".[62]

Phase II: Fertigstellung einer Verfassung für einen demokratischen und Unabhängigen palästinensischen Staat. Schaffung eines unabhängigen palästinensischen Staates mit vorläufigen Grenzen und Merkmalen der Souveränität.

Phase III: Vereinbarung über den endgültigen Status unter Einbeziehung der Fragen der Grenzen, Jerusalems, der Flüchtlinge und der Siedlungen. Die palästinensischen Reformen

---

[60] Vgl. Margaret Johannsen: Der Nahost – Konflikt. Wiesbaden 2009. S.125

[61] Vgl. http://www.ag-friedensforschung.de/regionen/Nahost/un-sr-1515.html (ausgerufen am 06.11.2010)

[62] Vgl. Muriel Asseburg, 2003: „Die EU und der Friedensprozess im Nahen Osten" SWP-Studie Berlin S.29

werden konsolidiert, die palästinensischen Institutionen stabilisiert, um so konkret die palästinensische Unabhängigkeit vorzubereiten.[63]

Das Quartett gab mit der Road map einen Zeitplan vor, der sich allerdings als zu ambitiös erwies. Die Schaffung eines palästinensischen Staates sollte bis Ende 2003 erfolgen, die in der dritten Phase angesprochene Vereinbarung bis 2005 geschlossen sein. Israel hatte die Road map nur unter Vorbehalten akzeptiert und hat bisher keine Bereitschaft gezeigt die Verpflichtungen zur Einstellung des Siedlungsbaus zu erfüllen. Auch von der die palästinensischen Seite wird weiterhin erwartet, die von der Road map auferlegten Verpflichtungen insbesondere im Hinblick auf die erforderlichen Maßnahmen gegen Gewalt und Terror zu erfüllen.

Auch mit den neuen Instrumenten der ESVP begann sich die EU in Nahost zu engagieren. Ab November 2005 nahm die EU eine Beobachtermission am Grenzübergang Rafah auf, der Ägypten und den Gazastreifen verbindet (EU Border Assistance Mission Rafah).[64] Die EU war von Israel, das sich 2005 aus dem Gazastreifen zurückgezogen hatte, und der palästinensischen Autonomiebehörde gebeten worden, die Abfertigung des gesamten Personen- und den ausgehenden Güterverkehrs an dem geöffneten Grenzübergang zu überwachen und damit zur israelisch-palästinensischen Vertrauensbildung beizutragen.

5 Fazit

Für die Entstehung und den Verlauf des israelisch-arabischen Konfliktes hat Europa eine historische Verantwortung. Nach dem Ersten Weltkrieg haben Großbritannien und Frankreich durch eine kurzsichtige imperialistische Interessenpolitik die Region destabilisiert. Die USA haben nach dem Sechs-tagekrieg durch ihrer geostrategischen Interessen, durch Ignoranz und mangelnde Sensibilität im Umgang mit anderen Kulturkreisen, die arabische Welt immer weiter destabilisiert und radikalisiert.[65]

Der Palästina-Konflikt ist unter den komplizierten historischen und politischen Bedingungen entstanden. Die Konditionen, die zu seiner Beendigung führen können, erscheinen mindestens doppelt so schwierig zu sein. Palästinenser und Israelis halten sich im Laufe der viertausendjährigen Geschichte des Heiligen Landes für die wahren Eigentümer. Die historischen und religiösen Ansprüche beider Seiten waren stets nur für die jeweils eigene

---

[63] Ebd. S.30
[64] Vgl. http://www.bundespolizei.de/cln_161/nn_268544/DE/Home/__Startseite/IPM/Infoblaetter/ EUBAM__Rafah__pdf,templateId=raw,property=publicationFile.pdf/EUBAM_Rafah_pdf.pdf (ausgerufen am 12.11.2010)
[65] Vgl. Michael F. Klinkenberg: Die Rolle der EU im Nahost Friedensprozess. Münster 2002 S. 103

Seite und deren außenstehende Gefolgsleute überzeugend. Chaim Weizmann der erste israelische Staatspräsident hatte den Konflikt zwischen beiden Völkern schon vor Jahrzenten als Tragödie bezeichnet. Seine These war Recht gegen Recht.

In der Frage: Wem gehört das Heilige Land? Michael Wolffsohn behauptet, dass sowohl Juden als auch die Araber zu verschiedenen Zeiten Besitzer des Heiligen Landes und nicht Eigentümer waren. Er bezeichnet das Land als ein Völkerfriedhof. Nach M. Wolffsohn haben die jüdischen Besitzer selbst die Eigentumsurkunde ausgestellt und dieses ist die Bibel. Dass die Philister ebenfalls die Vorfahren der Palästinenser wären, ist auch falsch. Die Philister kamen um 1200 v. Chr. über den Balkan und Zypern in den Vorderen Orient und wenn sie tatsächlich die Vorfahren der Palästinenser sein sollten, so wären die Palästinenser keine Araber. „Dass sie Araber sind, wird keiner Bestreiten, sie selbst am wenigsten“.[66]

1882 kamen die ersten zionistisch motivierten Siedler ins Heilige Land. Der politische Zionismus entstand in Mittel- und Osteuropa als Reaktion auf den verschärften Antisemitismus. Er versuchte die Judenfrage territorial zu lösen, durch Auswanderung nach Palästina. Eine so massive Ansiedlung von Juden, wie sie die Zionisten im Auge hatten, konnte nur auf Kosten dieser arabischen Bevölkerung stattfinden. Die Palästinenser währten sich mit Gewalt und mit Gewalt schlugen die jüdischen Siedler zurück. Nach dem ersten Welt-Krieg eskalierte die Situation in Palästina. Der arabische Aufstand brach aus. Zunächst ging es gegen die Juden und dann gegen die Briten. Die Briten hatten allen alles versprochen. Sie versprachen den Arabern einen eigenen arabischen Staat ebenso den Juden. Sie wollten das Mandatsgebiet als Kolonie behalten und erhalten.

Im Jahr 1948 erkämpften die Juden ihren Staat gegen die Araber und gegen die Briten. Die UNO hatte am 29. November 1947 die Teilung des britischen Mandatsgebietes in einen jüdischen und einen arabisch-palästinensischen Staat vorgesehen. Das Königreich Trans-Jordanien hatte nach der Eroberung des Westjordanlandes dieses in das eigene Königreich eingegliedert und aus Trans-Jordanien wurde Jordanien. Das palästinensische Gebiet wurde jordanisch. Auch Ägypten verfolgte eigene Interessen und so entstand kein palästinensischer Staat.

In Israel und Palästina ist das Wasser von ausschlaggebender strategischer Bedeutung. Eine wachsende Bevölkerung muss notwendigerweise auch Wassermengen verbrauchen und der Kampf um die immer knapper werdenden Wasserressourcen wird mit größter Wahrscheinlichkeit zu erbitterten Auseinandersetzungen führen. Nach 2000 wurde das Wasser, zu einem der Hauptstreitpunkte der Intifada. Aber auch wenn der Kampf um das

---

[66] Vgl. Michael Wolffsohn, 1994: „Frieden jetzt?“ München, S. 16

Wasser sich kurzfristig verschärft hat, erscheint es wahrscheinlich, dass beide Seiten sich durch die Sachzwänge auf die Dauer zur Zusammenarbeit genötigt sehen werden. Zwischen den Wasserressourcen, von denen Israelis und Palästinenser gleichermaßen abhängen, kann keine Mauer errichtet werden.

Die Jahre seit dem Abschluss der Osloer Verträge haben jedoch eines bewiesen: Nur ein dauerhaftes Friedensabkommen bringt dem Nahen Osten wirklich Aussöhnung und führt zu einem Ausgleich der divergierenden Interessen. Die Frontstaaten Ägypten und Jordanien schlossen Friedensverträge mit dem jüdischen Staat. Syrien und der Libanon verweilen in einem permanenten Waffenstillstand mit Israel. Die Palästinenser sind durch die brüchigen zwischen Vereinbarungen von Oslo in eine begrenzte und temporäre Autonomie eingebunden. Meiner Ansicht nach, liegt der Kern der Friedens- bemühungen im Nahen Osten aber in der Frage der Palästinensischen Finalität begründet. Die Geschichte hat gezeigt, dass Keines ist stark genug, das jeweils Andere auf Dauer zu unterdrücken oder gar in seiner Existenz zu bedrohen. Da ich selber aus einen Konfliktregion komme und auch Krieg erlebt habe, weiß ich, dass eine ganze Zivilbevölkerung nicht auf Dauer unter Bedingung wie Ausgangsperren und Kriegsrecht gehalten werden kann, Denn dies macht jedes normale Leben unmöglich. Terror ist auch keine Rechtfertigung! Hannah Ahrend sagt: „Ein guter Friede wird gewöhnlich durch Verhandlungen und Kompromisse erzielt und nicht notwendigerweise auf der Grundlage eines Programms. Gute Beziehungen zwischen den Juden und Arabern werden von einer veränderten Einstellung [...] und nicht notwendigerweise von einem politischen Patentrezept".[67]

Die EU hatte weder in Washington noch in Oslo irgendeinen Anteil an den Verhandlungen. Im Jahr 1993 trat der Maastricht Vertrag über die politische Union und gemeinsame Außen – und Sicherheitspolitik (GASP) in Kraft. Seither bemüht sich die europäische Union bei Ihrem Engagement im Nahost- Konflikt mit einer Stimme zu sprechen.[68]

Anders als in der Entwicklung – und Außenhandelspolitik verbleibt bei außen – und sicherheitspolitischen Angelegenheiten die Souveränität bei den Mitgliedstaaten. Was den Nahost – Konflikt angeht haben die europäischen Länder bis heute unterschiedliche Interessen.

England pflegt nach wie vor seine besonderen Beziehungen zu den USA und stellt sie im Zweifelsfall über sein europäisches Engagement. Frankreich fordert eine eigenständige, europäische Nahost – Politik mit kritischer Haltung gegenüber Israel. Deutschland wiedersetzt

---

⁶⁷ Vgl. Hannah Arendt, 1991: „Israel, Palästina und der Antisemitismus" Berlin, S. 45
⁶⁸ Vgl. Margaret Johannsen: Der Nahost – Konflikt. Wiesbaden 2009. S.129

sich jeder weitergehende Kritik an Israel mit dem Hinweis auf die besondere Verantwortung der Deutschen. Zudem erkennt Deutschland fast kritiklos die Führungsrolle der USA im Friedensprozess an.

Die westliche Perzeption Israels ist dabei wesentlich durch einen historischen Schuldkomplex gegenüber dem jüdischen Staat geprägt. Es waren die großen europäischen Nationen, wie Deutschland, England, Frankreich, Russland und Spanien, die Jahrhunderte lang die Juden verfolgt und vernichtet haben.

„Der Holocaust erschien als Legitimation für jüdische Ansprüche auf Palästina, das zugleich als Entschädigung, respektive Wiedergutmachung dienen sollte [...]".[69]

Im Zeitraum von 1993 – 2000 hielt sich die europäische Union sowohl mit einem direkten Beitrag zu einer politischen Konfliktlösung als auch mit einer Einmischung zugunsten der konsequenten Umsetzung des Oslo – Abkommens zurück. Der Grund für die Zurückhaltung der EU war ihr enger Handlungs- spielraum. Schon im Mai 1991 entsprach die amerikanische Initiative für einen Friedensprozess auf Grundlage der UN Resolutionen 242 und 338 in keiner Weise den Forderungen der UNO und der EG. Sowohl Israel als auch die USA waren sich darin einig, Europa von den Verhandlungen auszuschließen. Ebenso weigerte sich Israel kategorisch, die Konferenz in einer europäischen Stadt abzuhalten.[70]

Später verdeutlichte die Clinton – Administration den Europäern, dass sie im Nahen Osten keine eigenständige politische Rolle der EU dulden würde. Auch die Bemühungen der europäischen Union ihre Präsenz im Friedensprozess durch den Sonderbotschafter Moratinos (seit Mai 1996) und dem Hohen Repräsentanten der GASP Javier Solana (seit November 1999) zu verstärken, führte nicht dazu, dass die Europäische Union von beiden Konfliktparteien als Mediator (dritte Partei) anerkannt wurde. Die Europäer vermochten nicht das tiefe Misstrauen gegen sie in der israelischen Bevölkerung aufgrund der einseitig pro – palästinensischen Grundhaltung (siehe die EU Erklärungen) zu überwinden. Die europäische Union hat bislang versäumt, ihre eigene Position auch der israelischen Bevölkerung zu erklären, für sie zu werben, die israelischen Sorgen ernst zu nehmen und ihnen gezielt entgegen zu wirken. „Mangels realer Einwirkungsmöglichkeiten profilierte sich die EU zunächst mit Deklarationen. Ihnen folgten handels – und finanzpolitische Instrumente zur mittelbaren Einflussnahme".[71]

In dem Zeitraum von 1993 - 2007 hat die EU davor zurückgescheut, von der in den Assoziierungsabkommen vorgesehenen Möglichkeit Gebrauch zu machen, die Abkommen

---

[69] Vgl. Michael F. Klinkenberg: Die Rolle der EU im Nahost Friedensprozess. Münster 2002 S. 14
[70] Vgl. ebd. S. 31
[71] Vgl. Margaret Johannsen: Der Nahost – Konflikt. Wiesbaden 2009. S. 128

gegenüber Israel oder den Palästinensern zeitweilig beziehungsweise teilweise zu suspendieren oder die Suspendierung anzudrohen. „ Die Assoziierungsabkommen legen fest, dass die Beziehungen zwischen der europäischen Union und dem Partnerland auf den Prinzipien von Demokratie und Achtung der Menschenrechte basieren sollen".[72]

Die roadmap kann nur dann Ausgangspunkt für einen erfolgreichen Friedensprozess werden, wenn die internationale Gemeinschaft sich verpflichtet, die Konfliktlösung politisch, finanziell und militärisch abzusichern. In erster Linie wird es nach wie vor von den USA abhängen, ob der Friedensplan auch umgesetzt wird. Die USA hat als einzige Macht das Potential, sowohl die Existenz des Staates Israel als auch eine regionale Ordnung im Nahen Osten politisch und militärisch zu garantieren. Die EU wird allerdings nur dann als ernst zu nehmender Akteur wahrgenommen, wenn die Europäer mit einer Stimme sprechen und eine konsequente und glaubwürdige Politik verfolgen. Man darf nicht vergessen, dass die Wurzeln des Konfliktes, der den Nahen Osten seit Jahrzenten zerreißt, in Europa und nicht im Orient liegen.

Mit dieser Umsetzung der Ergebnisse des Friedensprozesses fokussierten Rolle erwarb sich die Europäische Union, in dieser Zeit, den unbefriedigenden Ruf eines „payer, not Player".

---

[72] Vgl. Mauriel Asseburg: Die EU und der Friedensprozess im Nahen Osten. Berlin 2003 S. 26

Literaturverzeichnis

Arendt, Hannah 1991: "Israel, Palästina und der Antisemitismus", Berlin

Bauer, Dolores M. 2002: "Israel – Palästina, Wenn aus Opfern Täter werden", Wien

Dachs, Gisela (HG) 1999: "Deutsche, Israelis und Palästinenser, Ein schwieriges Verhältnis", Heidelberg

Flores, Alexander 1989: "Intifada, Aufstand der Palästinenser", Berlin

Graham-Brown, Sarah 1987: "Die Palästinenser", Wiesbaden

Harkabi, Yehoshafat 1974: "Palästina und Israel". Augsburg

Hauswaldt, Christian 2009: Der Status von Palästina, Eine völkerrechtliche Untersucheng des territorialen Status Baden-Baden

Herz, Dietmar/ Julia Steets 2003: Palästina, Gaza und Westbank, Geschichte Politik Kultur, München

Herz, Dietmar/Jetzlsperger, Christian/Ahlborn, Kai 2003: Der israelisch-palästinensische Konflikt, Hintergründe, Dimensionen und Perspektiven, Stuttgart

Laube, Stefan 2003: Der lange Weg der Versöhnung, Geschichte und Struktur des Friedensprozesses im Nahen Osten, Marburg

Lerch, Wolfgang Günter 1996: "Brennpunkt Naher Osten, Der lange Weg zum Frieden", München/ Berlin

Margaret, Johannsen 2009: Der Nahost – Konflikt. Wiesbaden

Michael, F. Klinkenberg 2002: Die Rolle der EU im Nahost Friedensprozess. Münster

Mosqovitz, Reuven 2005: "Der lange Weg zum Frieden", Berlin

Muriel, Asseburg 2003: Die EU und der Friedensprozess im Nahen Osten. SWP-Studie Berlin

Neugart, Felix 2002: Konflikt in Nahen Osten. Welche Rolle für Europa? Impulspapier, Bertelsmann Forschungsgruppe Politik, München: CAP Ludwig-Maximilians-Universität München

Perthes, Volker 1999: Der Mittelmeerraum, der Nahöstliche Friedensprozess und die Europäische Union. Baden-Baden

Petry, Erik 2004: "Ländliche Kolonisation in Palästina, deutsche Juden und früher Zionismus Ende des 19. Jahrhundert" Köln

Schäfer, Isabel: Die Europäische Union und der Nahostkonflikt. bpb Aus Politik und Zeitgeschichte (B 20/2004)

Schäuble, Martin/Noah, Flug 2009: "Die Geschichte der Israelis und Palästinenser",
München

Wasserstein, Bernard 2003: "Israel und Palästina, Warum kämpfen sie und wie können sie
aufhören?", München

Wolffsohn, Michael 1994: "Frieden jetzt?, Nahost im Umbruch", München

Internetadressen

http://www.ag-friedensforschung.de/regionen/Nahost/rouleau.html

http://www.consilium.europa.eu/showPage.aspx?id=395&lang=de

http://aei.pitt.edu/349/01/dp_c25_primor.pdf

http://www.stern.de/thema/friedensprozess-naher-osten

http://www.un.org/Depts/german/sr/sr_sonst/s03-529.pdf

http://www.reliefweb.int/library/documents/2003/icg-opt-02may.pdf

http://www.ag-friedensforschung.de/regionen/Nahost/un-sr-1515.html

http://www.bundespolizei.de/cln_161/nn_268544/DE/Home/__Startseite/IPM/Infoblaetter/EU
BAM__Rafah__pdf,templateId=raw,property=publicationFile.pdf/EUBAM_Rafah_pdf.pdf

http://www.mapc-web.de/archive/pal/Roadmap.html

http://eeas.europa.eu/occupied_palestinian_territory/tim/implement_progress_en.pdf

http://europa.eu/rapid/pressReleasesAction.do?reference=IP/08/94&format=HTML&aged=1
&language=DE&guiLanguage=en

http://home.arcor.de/kutulu/Nahost-Konflikt%20%28Schwerpunkt%206-Tage-Krieg%29.pdf